世界宗教の謎

同時刊行シリーズ
- キリスト教
- イスラム教
- ユダヤ教

Copyright © 2001 by McRae Books Srl, Florence (Italy)

All rights reserved. No part of this book may be reproduced in any form without the prior written permission of the publisher and copyright owner.

Buddhism
was created and produced by McRae Books
Borgo Santa Croce, 8 - Florence (Italy)
info@mcraebooks.com

SERIES EDITOR Anne McRae
TEXT Anita Ganeri
ILLUSTRATIONS Studio Stalio (Alessandro Cantucci, Fabiano Fabbrucci, Andrea Morandi), Paola Ravaglia, Gian Paolo Faleschini
GRAPHIC DESIGN Marco Nardi
LAYOUT Laura Ottina, Adriano Nardi
REPRO Litocolor, Florence
PICTURE RESEARCH Elzbieta Gontarska
Printed and bound in Hong Kong

Japanese language edition arranged through AM Corporation, Tokyo, Japan
日本語版版権©2003　ゆまに書房

世界宗教の謎

仏 教

アニータ・ガネリ [著]　佐藤正英 [監訳]

ゆまに書房

もくじ

注意： この本では一般的に使用されている西暦紀元、つまりキリストの誕生した年を0年として表示しています。この0年より以前の出来事については、すべて「紀元前」（紀元前928年など）と記しています。0年以降の出来事については、数字をそのまま記しています。（24年など）

仏教とは何か？	8
若い頃の釈迦仏(しゃかぶつ)	10
悟(さと)りの模索(もさく)	12
教え	14
悟(さと)りの後	16
僧と寺院での生活	18
仏教の分裂(ぶんれつ)と広がり	20
経典(きょうてん)	22
スリランカの仏教	24
仏像と仏塔(ぶっとう)	26
中国の仏教	28

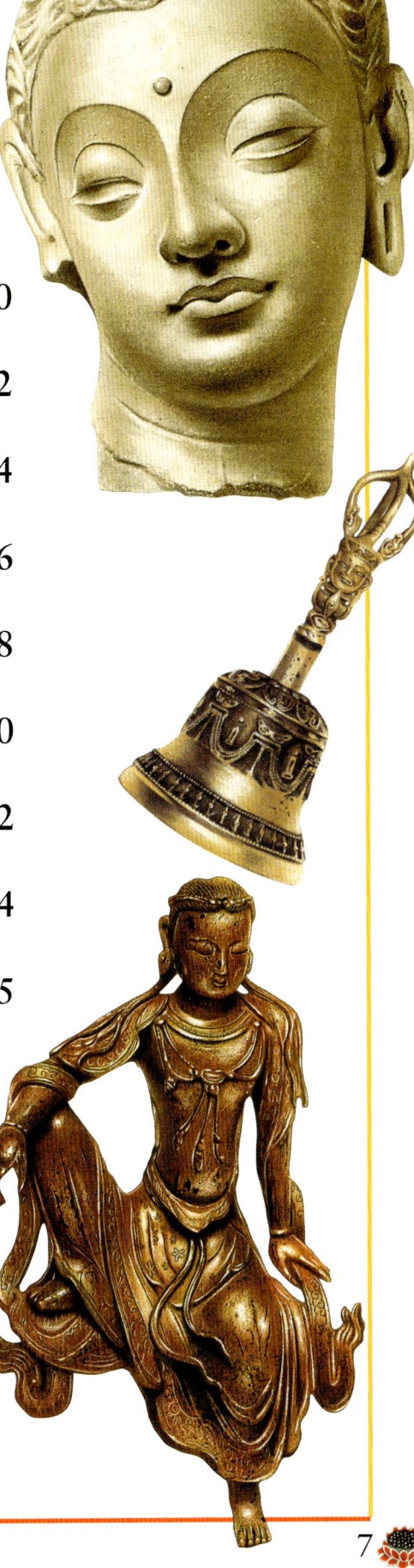

神と女神	30
東南アジアの仏教	32
日本と朝鮮半島の仏教	34
仏教の実践(じっせん)	36
チベット仏教	38
仏教徒の行事	40
西洋の仏教	42
用語解説	44
さくいん	45

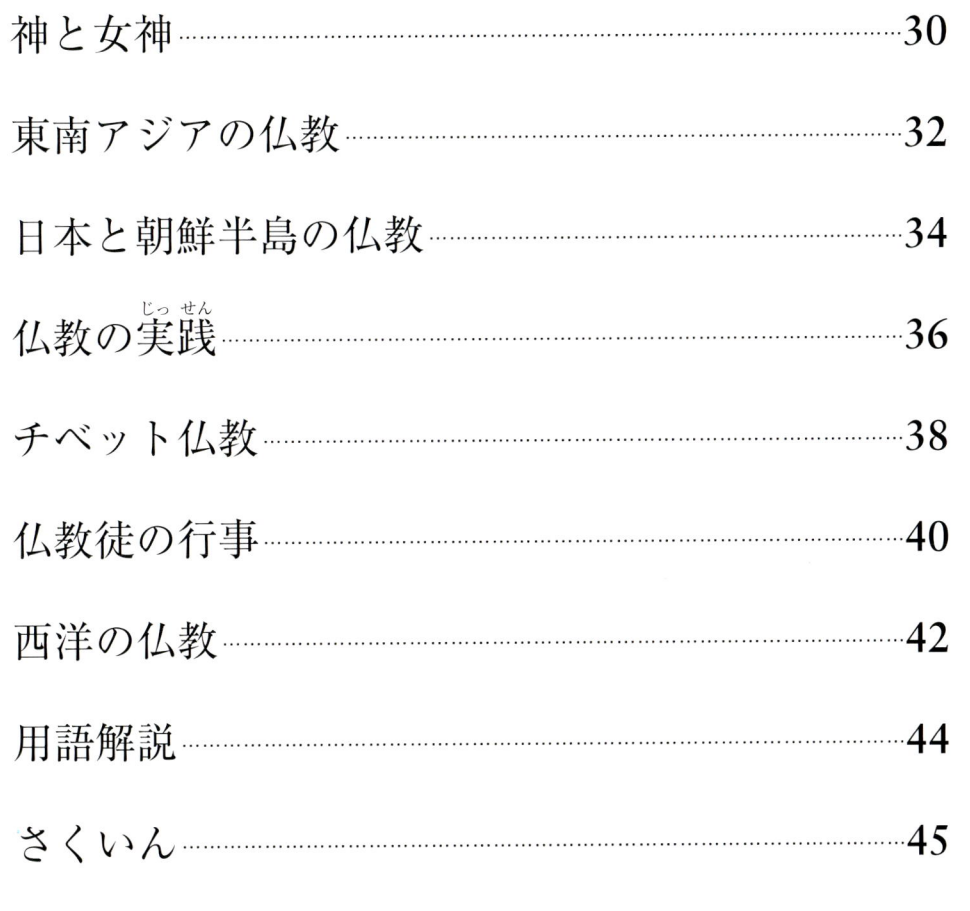

仏教とは何か？

仏教は約2500年前、インド北部で始まりました。始めたのは、俗名をゴータマ・シッダールタといい、国王の息子であった釈迦仏です。釈迦仏は、国王になるために外界の悲しみを見ずに育てられました。釈迦仏が人々の苦しみを見た時、彼の人生は変わりました。釈迦仏は宮殿を去り、人々はなぜ苦しむのか、どうすれば苦しみを止めることができるのかを見つけるために旅に出たのです。釈迦仏は悟りを開き、人生の真実の意味を知りました。そして仏陀として自分の学んだことを人々に教えて過ごしました。仏教徒にとって、釈迦仏の教えは人生の手引きになっています。

チベット仏教の僧。ラマはチベットの言葉で、精神的な師を意味する。

釈迦仏の教え

釈迦仏の教えは法（ダルマ）と呼ばれます。釈迦仏は、自己にとっての人生の真実や自己自身の真実に気がつかなければならないと教えました。釈迦仏の教えは手引き、あるいは従うための道なのです。

この八つの輪を持つ車輪は、八正道の象徴で、釈迦仏の教えのかぎとなるもの。

僧と尼

悟り（絶対知）を得た後、釈迦仏は僧として生きました。彼はインド中を回り、法（ダルマ）を教えました。仏教徒の中には釈迦仏にならって僧や尼になるものもいます。その共同体は僧迦（サンガ）として知られています。僧や尼は、簡素な生活をして、法（ダルマ）を学んだり教えたりすることに専念します。

蓮華の象徴

仏教徒にとって、蓮華は力強さの象徴です。蓮は水中で育ち、泥の中に根を生やします。その花は、泥の上にはい上がり、表面に咲きます。人々も人生の苦しみを克服して、悟りを開くことができるのです。

蓮華は釈迦仏の美と美徳を象徴する。

ビハーラ

仏教徒の多くは、ビハーラと呼ばれる寺院や僧院に住んでいます。寺院や僧院は、仏教徒が釈迦仏をたたえるために訪れ、僧に敬意を払う場所でもあります。このタイの寺院は、美しい装飾が施されていて、訪れる人々を魅了します。

仏教はどのようにして伝わったのか

シルクロードは、インドや中国と地中海を結ぶ、中央アジアを通る交易路でした。シルクロードを通って、貿易品とともに新しい思想も持ち込まれました。仏教は、このシルクロードを通ってインドから中国に広まりました。中国の仏教徒も、仏教をもっと学ぶためにインドに行きました。

巡礼者は、不毛の砂漠や高い山を横切らなければならない危険な旅に直面した。そこでは、盗賊や野生の動物が巡礼者を待ちかまえていた。

神聖な象

伝説によると、釈迦仏の母である摩耶王妃は白い象がお腹の中に入る夢を見ました。象は前ぶれで、十カ月後に釈迦仏が生まれたのです。古代インドでは、白い象はたいへん貴重で、国王のものであり、王国の繁栄を保障するといわれていました。

その他の影響

仏教はその土地に昔からある宗教とまざり合い、一緒になりました。その影響は、芸術や建築物に見られます。左のチベットの幸運のお守りはヒンズー教から改作されたもので、これを身につけている人は、邪悪なものから守られると言われています。

お守りの真ん中の悪魔は、にらみつけるようなぎらぎらした目と鋭い牙を持つ。ヒンズー教の神シヴァ（大自在天）によって創造された。

世界中に

仏教はインドから近隣の国々へ、さらに遠くへ広がりました。約四億人の仏教徒がいます。その多くが仏教の生まれたアジアに住んでいます。20世紀初期以降、仏教はアメリカやヨーロッパでも人気が出て来ています。

弥勒菩薩

仏教徒は、次の仏陀が弥勒菩薩（下）だと信じています。弥勒菩薩は兜率天と呼ばれる天上に住んでいて、何千年もの時の中で仏教を説くときがくるのを待っています。

トルコ石の王座に座っているこの仏像は、中国のもの。仏教は西暦100年頃、中国に広がった。

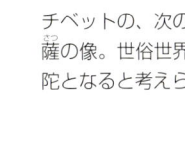

チベットの、次の仏陀である弥勒菩薩の像。世俗世界に現れる最後の仏陀となると考えられている。

若い頃の釈迦仏

言い伝えによると、釈迦仏は釈迦族の王家に紀元前563年ごろに生まれました。父は、ヒマラヤ山脈（現在のネパール）のふもとにある小さな国の国王でした。名字はゴータマで、シッダールタという名まえがつけられました。シッダールタはまた、釈迦族の賢人という意味を持つ釈迦牟尼、という名前でも知られています。シッダールタの誕生や若い頃について、多くの言い伝えがあります。これらは釈迦仏の入滅後何世紀にもわたって記録されてきましたが、歴史的な事実であるかどうかはわかっていません。しかし言い伝えは、信仰を探る洞察を与えてくれます。

前生

釈迦仏は、ゴータマ・シッダールタとして生まれてくる前にも、多くのさまざまな生を生きました。このような前生に関する話は、本生譚（ジャータカ）と呼ばれる説話の中で語られています。この多くで、釈迦仏は悟りを開く途中、動物として現れています。

釈迦仏の誕生

釈迦仏は浄飯王と摩耶王妃の長子でした。彼が生まれてすぐ、アシタ（阿私仙）と呼ばれる賢者が国王の宮殿を訪れました。赤ん坊の体についている小さな印を見て、賢者は釈迦仏が仏陀になると知ったのです。

このタイの絵は、仏陀の前生のひとつを表している。釈迦仏が両親のために水を求めて森の中を歩いていると、波羅奈国の王に毒矢で打たれてしまった。信仰によって、釈迦仏は生き返った。

四つの光景

釈迦仏は、父の贅沢な宮殿の中で保護されて育ちました。父は、釈迦仏が貧しさや苦しみ、死といったものを何も知らないと確信していました。ある日、釈迦仏は宮殿を出ます。彼は老人、病人、死人、そして修行者を見ました。このことが彼の人生を変えたのです。

生まれてすぐ、釈迦仏は右腕をあげ「天上天下唯我独尊」と宣言した。

釈迦仏は初めて病人を見た。

釈迦仏が宮殿を去る時、暗やみに包まれて神が現れ、釈迦仏の乗っている馬のひづめを手で持ち上げたので、誰も釈迦仏が去る音を聞くことはなかった。

出家する

釈迦仏は、残りの人生を、真実と、苦しみから逃れる方法を探すために過ごそうと決心しました。その夜釈迦仏は、妻と生まれたばかりの赤ん坊を置いて、宮殿を出ました。釈迦仏は髪を切り、立派な服を僧の簡素な袈裟に着がえました。

古代インド

釈迦仏が生まれた紀元前6世紀は、世界中のあちこちで偉大な精神活動が行われていた時期でした。インドでは、人々が、万物の順序や何世紀も前の人間の運命について問い始めていました。

インダス文明の二つの主要都市と釈迦仏の生まれた場所藍毘尼園（ルンビニー）。

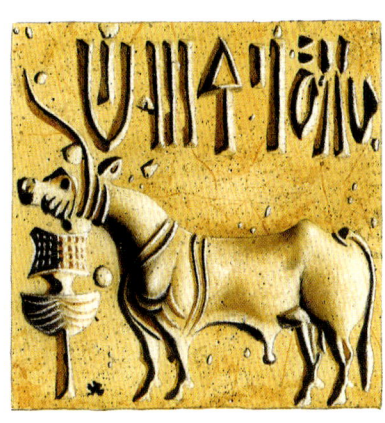

紀元前約2500年前、インド北部のインダス谷に偉大な文明が栄えた。この石の印章は、古代都市モヘンジョ＝ダロのものである。

ヒンズー教

ヒンズー教は約4000年前、インドで始まりました。ヒンズー教は、インダス谷の宗教とアーリヤ人から生じた思想が混じり合って発展しました。

ヒンズー教の神シヴァ（大自在天）。

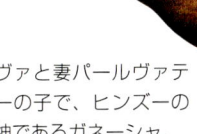

シヴァと妻パールヴァティーの子で、ヒンズーの象神であるガネーシャ。

11

悟りの模索

釈迦仏はインド北部を何年も旅しました。釈迦仏は宿なしの修行者として、人々から施されたものだけを食べて生活しました。釈迦仏は人生の真実を見つけるためにいろいろな方法を試したのですが、だめでした。ついに彼は苦労して川まで進み、聖なる木の下に座って瞑想しました。夜の間中、邪悪な神の魔羅が釈迦仏が悟りを開くのをあきらめさせようと邪魔しました。釈迦仏が苦しみの終わりを見出してしまうと、魔羅の力が壊されてしまうからです。釈迦仏は魔羅に打ち勝ち、人生の真実を理解しました。この時、釈迦仏は覚者（目覚めた人）である仏陀となったのです。

わずかな食事しかとらなかったので、釈迦仏はがい骨のようにやせこけた。

何も持たずに

家を出てから釈迦仏は多くの偉大な瞑想の師を訪ねて弟子になりました。しかし、求めていた答えを得ることができませんでした。六年間、釈迦仏は修行者と一緒に森に住みました。生活は、きびしいものでした。不潔できめの粗い服を着ていたので、釈迦仏の皮膚はひりひりと痛みました。夏は燃えるような太陽の下に座り、冬は凍るような水を浴びました。釈迦仏の食事はほんのわずかなものだったので、飢えで気絶することもありました。

下：釈迦仏は夜の瞑想を始める前に一杯の鉢の粥を受け取った。

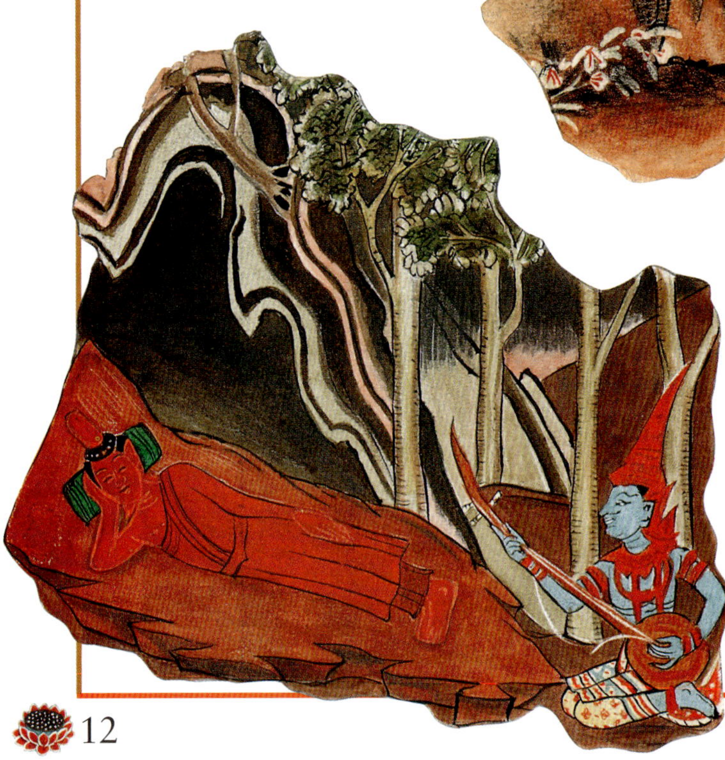

中道

帝釈天の夢を見た後、釈迦仏は生活様式を変え、森を後にしました。「中道」の考え方は、仏教では重要です。釈迦仏は、幸せが大いなる贅沢や大いなる苦難から起こるものではないことを、弟子に教えました。人々は二つの極端な状態の間にある中道にしたがうべきなのです。

左：言い伝えによると、帝釈天は、釈迦仏の夢の中に、琵琶を弾きながら現れたという。帝釈天は釈迦仏に、極端を避け、中道に従うように語った。

魔羅との闘い

菩提樹の下に座っている時、釈迦仏は邪悪な神の魔羅の攻撃を受けました。魔羅は嵐を引き起こしました。嵐は激しく、すべての町が塵になってしまうほどでした。悪魔の大軍を送り、石を投げつけたり丸太を燃やしたりしました。しかし、悪魔の大群は釈迦仏の足元に花びらとなって散っていきました。

釈迦仏が下に座って悟りを開いた菩提樹。

悟りを開いた後、大蛇ムチリンダが守るようにして、釈迦仏をとぐろで巻いた。

悟りを開いてから二週目には、釈迦仏は菩提樹の木の下で、まばたきをせずに瞑想した。

釈迦仏が悟りを開いた場所である仏陀伽耶には、現在寺院が建っている。

悟り

攻撃に失敗した魔羅は、最後に「誰がお前の過去と寛容さを証明するのだ？」と叫びました。すると釈迦仏は、右手をさし出し大地に触れ、大地にそのことを証明するように求めました。魔羅は敗れ、釈迦仏は悟りを開きました。人生の真実を理解したのです。

教え

釈迦仏は神になることを求めず、また神として崇拝されることを望んでもいませんでした。釈迦仏は悟りを開いた人間でした。釈迦仏は人々が苦しむのは、欲しがるからであることに気がつきました。人々は自分が持っているものだけでは満足しません。しかし釈迦仏は、苦しみを終わらせる方法があることを知っていました。四聖諦と四聖諦を得る方法である八正道に気づくことによって、人々は貪欲や願望を克服し、自分自身で悟りを開くことができるのです。

パーリヤッカの森にいる間、釈迦仏は一頭の象と一匹の猿に助けられた。象と猿は忉利天で再生し、帝釈天に救済方法を教えられた。

法輪

悟りを開いた後、釈迦仏はインド北部の町、サールナートにある鹿野苑で最初の説法を行いました。教えを説くために、釈迦仏は地面に輪の絵を描きました。これは、誰もがとらわれている生死流転を意味するものでした。釈迦仏の教えに従うことによって、人は輪廻から逃れ、完全な平安と至幸の状態である涅槃（ニルヴァーナ）に達することができます。よい人生を送ることで、人々は涅槃に近づくことができますが、悪い人生を送ることは、涅槃を遠ざけるのです。

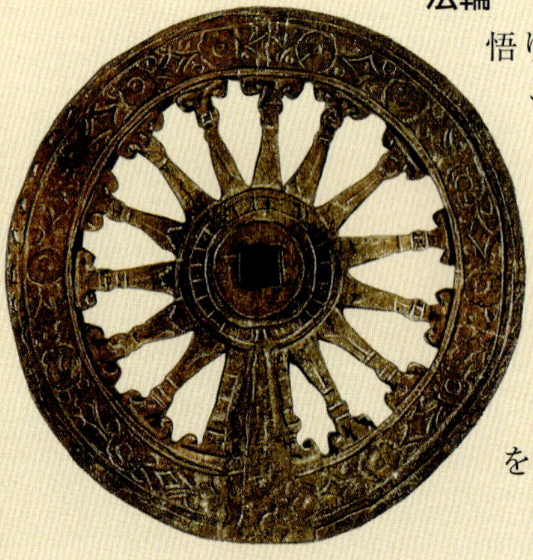

法輪は仏教徒の重要な象徴。仏陀と仏陀の説いた法（ダルマ）を表す。

このチベットの絵では、象が悟り開こうとする人々の魂を表している。

四聖諦と八正道

苦諦：苦しみの存在
集諦：苦しみの原因としての煩悩
滅諦：苦しみを終えた平安としての涅槃
道諦：八正道を通して苦しみを終える方法

1. 正見（正しい見識）
2. 正思（正しい思惟）
3. 正語（正しい言葉）
4. 正業（正しい行い）
5. 正命（正しい生活）
6. 正精進（正しい努力）
7. 正念（正しい心の落ち着き）
8. 正定（正しい心の精神統一）

輪の中には、生死をくり返す六つの状態（六道）である天、阿修羅、餓鬼、地獄、畜生、人間が示されている。

死神ヤマ（閻魔王）が、歯と爪で輪をつかんでいる。

輪の中心には、三種の最大の罪—貪り（豚）、怒り（蛇）、迷い（鶏）が示されている。

外側の縁にある十二の光景は、人生の異なる段階と行動の結果を表している。

円の黒い半分は地獄に堕ちる人々を、白い半分は涅槃に進む人々を表す。

輪廻
このチベットの絵は、死神ヤマ（閻魔王）が輪廻をつかんでいることを示しています。これは、生誕、死滅が車輪のようにくり返されることを表しています。外側は、人生の異なる段階です。内側は、再び生まれた時の六つの段階です。中心には人間の罪を表す三種類の動物が描かれ、悟りへの道を表しています。

15

悟りの後

悟りを開いた後、釈迦仏はインド中を旅しながら法（ダルマ）を説くことで、残りの人生を過ごしました。釈迦仏は僧として生き、釈迦仏の弟子も同じような生き方をしました。釈迦仏はまた、弟子に彼の教えを広めました。多くの人々が釈迦仏の教えを聞きに集まり、彼の門弟になりました。釈迦仏がおよそ八十歳になった時、釈迦仏は人生が終わりに近づいていることを知りました。釈迦仏は弟子を呼び集め、拘戸那掲羅への最後の旅をし、そこの小さな森で、入滅したのです。

五人のうち二人の修行者に最初の説法を行っている仏陀。彼の手は、教えの印相になっている。

最初の説法

釈迦仏は悟りを開いた後、ベナレス市の近くにあるサールナートの鹿野苑で、五人の修行者に対し、最初の説法を行いました。五人の修行者はかつて、釈迦仏が森で修行をしていた時の仲間です。釈迦仏の教えを聞いた後、五人の修行者も悟りを開きました。

舎衛城の祇園精舎は、須達長者によって建てられた。このメダルは、長者の召使いが精舎の土地を購入するために、金を運んでいるところを表している。

祇園精舎

釈迦仏と弟子にとっては、雨季に旅をするには困難をともないました。慣習にしたがって、釈迦仏は舎衛城に滞在し、瞑想や学問をして過ごしました。彼らにとって一番重要な休憩所は、舎衛城の町はずれにある小さな森のなかの精舎でした。

旅の境涯

釈迦仏と弟子はインド北部のあらゆる町や都市を旅して回りました。彼らの旅した多く舎衛城は、その時以来、仏教徒の巡礼者にとって重要な場所になりました。神聖な場所に、釈迦仏が悟りを開いた仏陀伽耶があります。

舎衛城での奇蹟

釈迦仏は、ふだんは奇蹟をよしとしませんでしたが、舎衛城を訪れた時、六人以上の師を打ち負かすために呪的な力を見せました。それは、マンゴーの木の中で四人の釈迦仏の像を見せるという呪術でした。

この地図はブッダ時代のインド北部と、仏教徒にとって重要な場所を表す。

この像が示すように、釈迦仏も、足から水を噴射し、肩から炎を発した。

釈迦仏は死ぬ直前、王子のような身分の者よりもむしろ、生まれの卑しい女性と食事を共にした。富や地位が大事ではないことを示すためだった。

釈迦仏は御者の車匿と愛馬カンダカに別れを告げた。

このチベットの絵は、釈迦仏の火葬と涅槃を表している。

釈迦仏の葬儀

釈迦仏が入滅してから七日間、音楽、踊り、献花が続けられました。それから釈迦仏の身体は火葬されました。最初、薪に火がつきませんでしたが、弟子の摩訶迦葉が到着すると、炎となって燃え上がりました。

大般涅槃

上の像は、釈迦仏が入滅した時の大般涅槃（完全に煩悩が消滅した状態）を表しています。仏陀としてのつとめは成しとげられ、釈迦仏は涅槃の平安の中へと入って行くことができたのです。涅槃とは、ろうそくの火が突然吹き消されるようなものだという人もいます。

遺骨の崇拝

釈迦仏が火葬された後、仏舎利（遺骨）は八つに分けられ、八つの部族に分配されました。仏舎利の上に、仏塔（ストゥーパ）が建てられ、仏塔は釈迦仏の涅槃の象徴として、崇拝の対象となりました。

チベットの仏塔のブロンズ像。

17

僧と寺院での生活

悟りを開いた釈迦仏は、インド中を旅しながら僧伽（僧や尼の共同体）に入るよう、人々を啓発し、僧として生きました。最初の僧は、釈迦仏と共に森で生活をした五人の修行者、釈迦仏の子羅睺羅、従兄弟の阿難でした。仏教国では、僧伽は今なお仏教の中心です。信心深い仏教徒の中には家や財産を捨て、法（ダルマ）を学び、教えるために一生をささげる者もいます。小乗仏教では、僧伽は僧や尼だけではなく、釈迦仏の教えに従う者すべてを含みます。

この恐ろしい像は、日本の寺院を守る四天王のひとつ。

剃髪

僧は、礼服を着用し、剃髪します。剃髪は、謙虚さや、俗世への執着を捨てたことを表すものです。スリランカとタイでは、サフラン色の礼服を着用します。チベットでは栗色、日本では黒色です。

少しの財産

僧は、ほとんど財産を持ちません。僧は釈迦仏のつくった表にある八つの必需品だけを所有することが許されていました。三衣、縄床、鉢、かみそり、針と糸、錫杖、水切り、つまようじの八つです。

施しを受ける

スリランカのような小乗仏教の国では、釈迦仏の時代と同じように、僧は地域の人の施しをもらって生活しています。毎朝、信者が僧の托鉢に食べ物を施し、僧はこれを僧院に持ち帰って、分け合って食べます。

下：このミャンマーの絵は、釈迦仏が裕福な商人から施しを受けていることを表す。

上：日々のつとめを行うチベットの寺院の僧。

経典の翻訳

仏教がインドの外へ広がるにつれ、経典はチベット語や中国語に翻訳する必要が出てきました。時間のかかる大変な作業だったので、翻訳をした僧は、尊敬されました。右の絵では、僧が菩薩に守護されています。

聖職授任式

仏教徒の国には、教育のため、若い男性が寺院で何カ月間か過ごすところもあります。そこから僧になる者もいます。彼らは律（ヴィナヤ）という規律に従わねばなりません。

上：カンボジアの聖職位を授けられている、小乗仏教の若い僧。もう一方の男性は白いサシャを着用していることから、僧ではなく在家の仏教徒であることがわかる。

僧院

ポタラ（補陀落）宮（右）はチベットのラサの近くにある聖なる丘の上に建てられました。それは伝統的に、チベット仏教徒の宗教的指導者であるダライ・ラマの家でした。

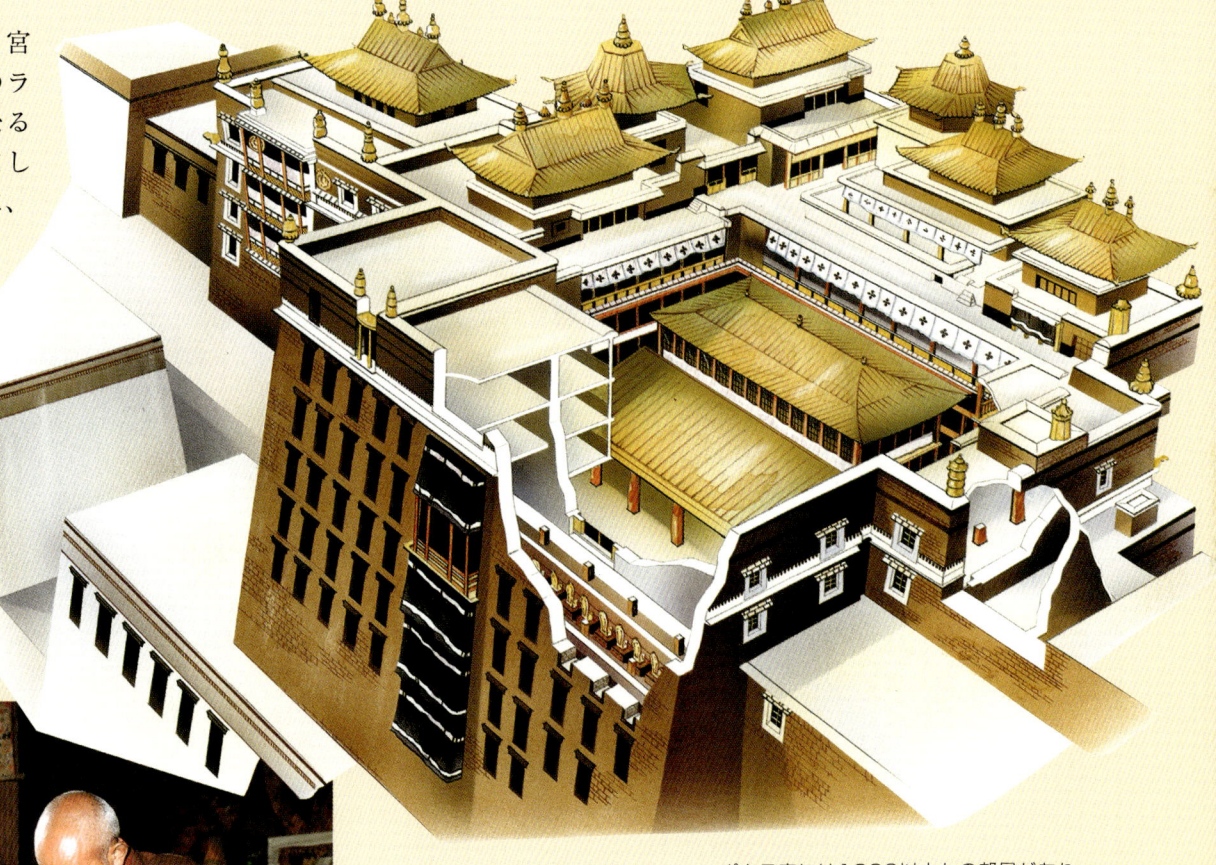

ポタラ宮には1000以上もの部屋があり、その中には僧や巡礼者が集まる大広間、寺院、住居が含まれている。

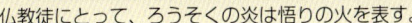

仏教徒にとって、ろうそくの炎は悟りの火を表す。

寺院での生活

僧や尼は、きびしく簡素な生活をします。彼らは学問や読経をしたり、経典の討論をしたり、瞑想を学んだり、釈迦仏の教説を教えたりして過ごします。また、寺院を維持したり、宗教的な儀式や祭事をとり行ったりもします。地域社会で人々の助けをしている僧もいます。

19

仏教の分裂と広がり

入滅した後、釈迦仏の教えは弟子によって記録され、口承で伝えられていきました。釈迦仏の教えをまとめるために、集会が開かれました。およそ百年後、僧伽における戒律を明確にするために、二回目の集会が開かれました。しかし、仏陀が実際に説いた教えとは異なる意見も出てきて、仏教は大きく二つの学派に分裂しました。二つの学派は上座部を意味する小乗仏教と、大衆部を意味する大乗仏教と呼ばれました。この二つの学派は、しだいにインドの外にも広がっていきました。

菩薩は完璧な修行者で、悟りを開いたものの、人々を救うために涅槃に入るのを先送りにしている。

大乗仏教

仏教徒はインドからネパール、チベット、中国、韓国、日本、ベトナムへと、北西部に広がりました。信者は、多くの異なる仏陀や菩薩を崇拝していました。その中には、僧伽の一員である僧のほかに、在家の信者も含まれており、両者とも同じ価値があるとされていました。

法衣をたらしている美しいこの像は、仏教芸術がギリシャ芸術の影響を受けていることを示している。この様式は、インド北西部の宗教にちなんで、ガンダーラ美術と呼ばれた。

ギリシャのミリンダ王

ギリシャの王ミリンダは、紀元前2世紀、インドを支配していました。ミリンダは、仏教徒の僧と会話を交わしたことで有名です。ミリンダは仏教徒に改宗しました。彼らの会話は、経典になりました。

記 号
- 従来の仏教の地域
- 初期に広がった仏教
- 小乗仏教
- 大乗仏教
- タントラ仏教
- ★ 岩石彫刻の寺院
- ▲ 霊山

小乗仏教

小乗仏教はスリランカ、ミャンマー、タイ、カンボジア、ラオスなど南部へ広がりました。信者は、釈迦仏の教えに従います。彼らは、歴史上の仏陀である釈迦仏が、人間ではあったものの特別だったと信じています。彼らはまた、僧伽や寺院での生活が重要だと信じています。

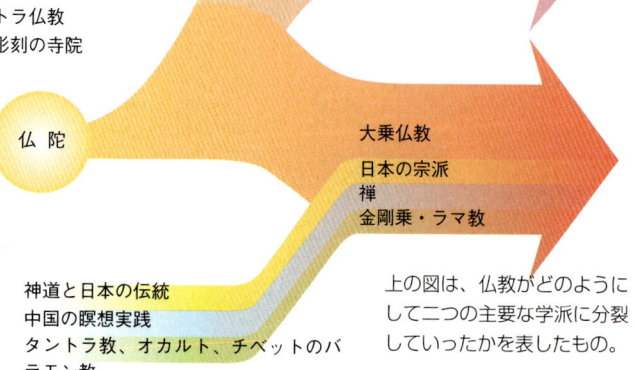

上の図は、仏教がどのようにして二つの主要な学派に分裂していったかを表したもの。

インドの仏教

インドの偉大なアショカ王は、紀元前269～231年、インドを統治していました。彼は10万人もの人が殺された血生ぐさい戦争の後、仏教徒になりました。この戦争に後悔したアショカ王は、平和と暴力のない仏教徒の道に帰依したのです。彼は釈迦仏の教えを広めるために、使節を遠く、広い範囲にわたって送りました。

ガンダーラ美術様式の仏陀の頭像。

祈祷輪を持つチベットの女性。

チベットの仏教

仏教は7世紀にインドからチベットに伝わりました。ソンツェン・ガンポ王の二人の妻が仏教徒に対して献身的で、仏教徒は、王に改宗をすすめました。偉大なるインド人の師パドマサムバの助けによって、仏教は8世紀にはチベットの正式な宗教になりました。

極東の仏教

仏教はインドからシルクロードを伝って北東の地域にも広がっていきました。1世紀には、まず中国に伝わりましたが、仏教が確立するまでにはさらに400年がかかりました。6世紀には、朝鮮半島から日本に伝わりました。

この青銅製の像は、7世紀につくられた。

スリランカの仏教

仏教は紀元前250年ごろに、スリランカに伝わりました。アショカ王が、息子であり仏教僧であるマヒンダを送ったのです。スリランカの王とともに島のほとんどの人が仏教に改宗しました。

カンボジアでつくられた釈迦仏の頭像。カンボジアでは、約90％の人が仏教徒である。

タイの僧

13世紀以降、仏教はタイの公式の宗教となっています。人口の90％以上が仏教徒です。僧伽と政府との間には深いつながりがあります。タイの少年は教育の一環として、一定期間を僧として過ごします。

美術様式

仏教がインドの外に広がるにつれて、多くの異なった美術様式に影響を与えました。どの国の芸術家も、美しい彫刻や釈迦仏の生涯を描いた絵画を創造しました。この6世紀の中国の像は、インドの伝統であるふくよかでやわらかい像が、中国では平らで角張ったものになったことを示しています。

21

経典

入滅した後も何百年もの間、釈迦仏の教えは口承で伝えられました。教えが初めて筆録されたのは、紀元前1世紀になってからです。最古の書物は、小乗仏教の経典であるパーリ語経典です。これは、三蔵といいます。第一の蔵は僧や尼の戒律が、第二の蔵には仏陀の教えが記されています。第三の蔵には仏陀の教えに関する注釈がかかれています。大乗仏教徒は、独自の経典を持っています。これらの多くは経（スートラ）と呼ばれます。経典には仏陀や僧の教えや物語が記されています。

上：経典を学ぶ僧。

下：カンギュルの経典集。

右：三蔵に描かれている18世紀の中国の絵。

カンギュル

カンギュルは、チベット仏教徒にとって神聖な、膨大な量の経典です。カンギュルは、翻訳された仏陀の言葉を意味します。この経典集には、歴史上の仏陀が直接語ったと信じられている教えも記されています。経典はインドから入ってきましたが、仏教徒の僧がチベット語に翻訳しました。

法華経の絵入り本。9～10世紀に、中国人によって書かれた。

僧は経典を写し、翻訳した。まったく新しい言葉や思想を自分たちの言葉に翻訳しなければならなかったため、骨の折れる作業だった。

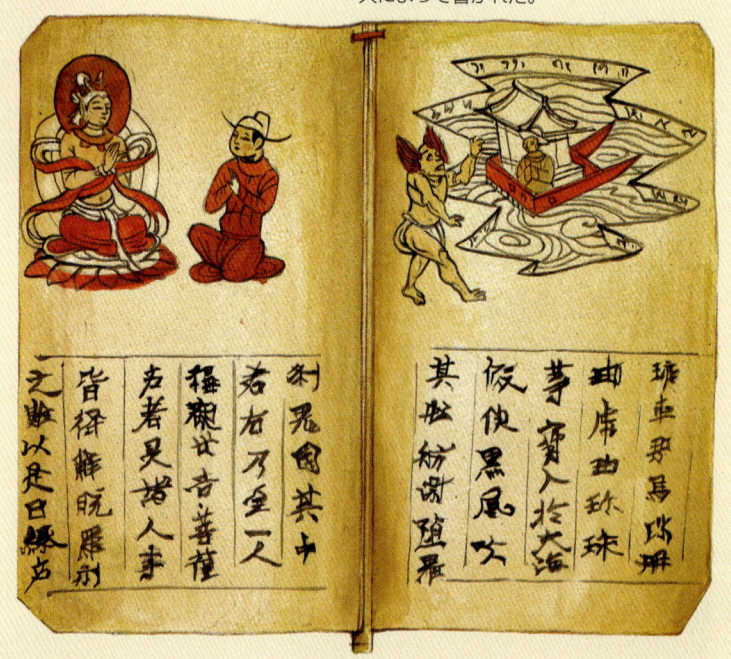

法華経

法華経は、大乗仏教の経典の中でももっとも重要な経典です。長い詩、説法や物語がしるされていて、誰もが悟りを開き、仏陀になれる可能性があることを説いています。

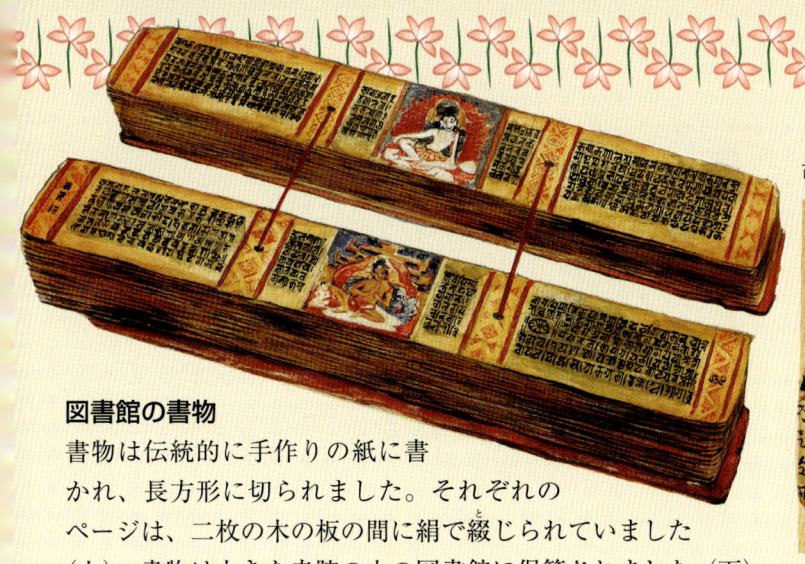

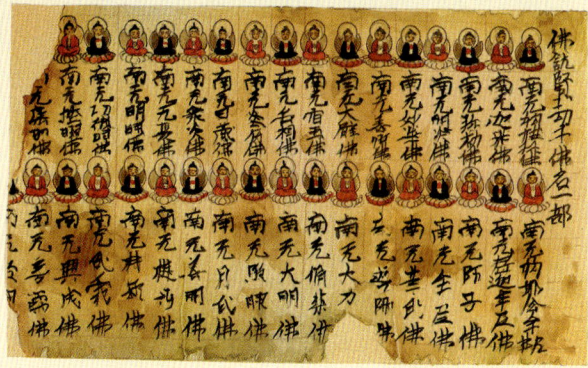

古代中国の経典の一部。さまざまな仏陀の名と像が描かれている。

図書館の書物

書物は伝統的に手作りの紙に書かれ、長方形に切られました。それぞれのページは、二枚の木の板の間に絹で綴じられていました（上）。書物は大きな寺院の中の図書館に保管されました（下）。

巡礼者と経典

仏教が広がるにつれ、中国人の僧は、経典を求めてインドまでの長く危険な旅をするようになりました。彼らは経典を国に持ち帰り、中国語に翻訳しました。7世紀の有名な僧玄奘は、集めた経典を持ち帰るのに、二十頭の馬を必要としたといわれています。

この中国の絵から、645年、玄奘が貴重な釈迦仏の像や文書をインドから持ち帰ったことがわかる。

蓮華の石

チベットの仏教徒は、願いを表すために石に真言（マントラ）を彫ります。有名な真言「蓮華のなかのマニ宝珠に幸いあれ」をしるした石もあります。

壁画。ミャンマーの悪魔の絵と同じように、文字が読めない人々に対して釈迦仏の教えを伝えるのに使われた。

23

スリランカの仏教

仏教は、紀元前250年ごろ、スリランカに伝わりました。スリランカは、インドから広がった仏教が最初に伝わった国です。言い伝えによると、スリランカの王ティサはアショカ王に使節を送り、友好関係を結ぶように依頼しました。返事として、アショカ王は自分の息子である仏教徒の僧ミランダのほか、四人の僧をスリランカに送り、仏教を伝えました。ティッサ王は仏教に改宗し、まもなく島の人々も彼に続きました。僧伽と寺院がつくられ、遺品がインドからもたらされました。その中には、釈迦仏がその下で瞑想した菩提樹の切り枝もありました。

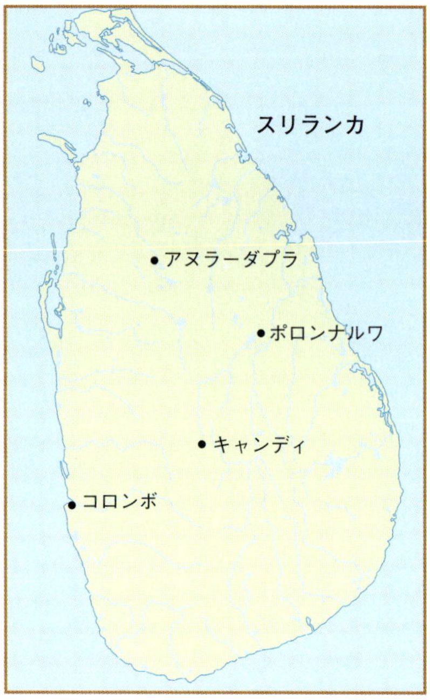

この地図は、スリランカと、仏教徒にとって重要な場所や神聖な場所を示している。

島の人々

スリランカの約80％の人々が、右の男性のようなシンハラ族です。そのほとんどが仏教徒です。彼らは、紀元前5世紀にインド北東部からスリランカにたどりついたと考えられています。ほかにも、ヒンズー教徒やタミル人、またキリスト教徒やムスリムがいます。

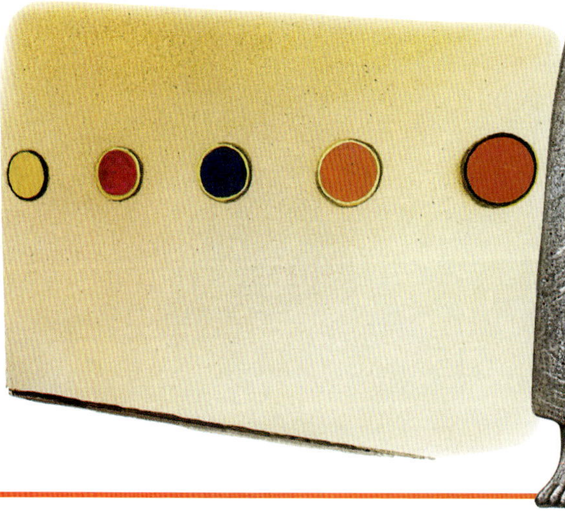

インドのサールナートにあるアショカ王の建てた石柱の獅子像は、近代インドの象徴である。

アショカ王の使節

アショカ王が統治している間（およそ紀元前273～272頃）、インドでの仏教は隆盛をきわめました。アショカ王の使節は、彼自身の息子や娘も含めて、スリランカやインド以外の国に釈迦仏の教えを広めるのに貢献しました。

パラクラマバーフ1世

下の像は、12世紀中頃にスリランカを統治していたパラクラマバーフ1世です。インドから来たヒンズー教徒のタミール族に勝った後、スリランカでの仏教の普及に貢献しました。そして新しい首都ポロンナルワに寺院や仏塔をたくさん建てました。

瞑想

瞑想は仏教徒の修行の中でも重要な修行です。仏教徒は、心の鍛錬によって悟りに近づくのだと信じています。仏教徒はこのような色のついた円盤状のものを、スリランカの僧院の壁にはり、瞑想に集中したり、心を清らかにするのに用いています。

アヌラーダプラにある着色された仏陀の石像の前で祈る僧。像は仏陀の大般涅槃を表している。

ポロンナルワ

11世紀、スリランカの首都は、アヌラーダプラからポロンナルワに移りました。そこでは、パラクラマバーフ王が多くの寺院や仏塔が一緒になった、大きな建物を造りました。そこには、岩を彫ってつくられた、瞑想している釈迦仏と大般涅槃に達した釈迦仏の大きな像があります。

スリランカの伝統的な紋章。ポロンナルワの複合建築物の中にある寺院に、月長石（お守り）のように置かれている。

スリランカの僧

今日のスリランカでは、僧伽が今なお島の生活で重要な役目を果たしており、僧は尊敬されています。スリランカには約15,000人の僧がいます。中には、教育や一般社会での仕事で活躍している僧もいます。また国の指導者や政治家の助言者として活躍している僧もいます。

現在の仏教

現在のスリランカでは、仏教は小乗仏教の形式をとって、多くのシンハラ族の人々の宗教となっています。人々は伝統を誇りに思っています。下のような新しい寺院が、釈迦仏をたたえるために今でも建てられています。

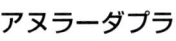

アヌラーダプラ

ティッサ王の時代、スリランカの首都はアヌラーダプラでした。現在でも、巡礼者はこの古い都市に旅をし、聖なる菩提樹を訪れます。この菩提樹は、仏陀伽耶にある菩提樹の切り枝を、アショカ王の娘の尼がスリランカにもたらし、それが育ったものだといわれています。

スリランカのコロンボにある、ガンガーラーマ・ヴィハーラ寺院に所蔵されている二つの像。

スリランカの小箱。ルビーと金で装飾が施されている。釈迦仏が、教えを説いているようすが描かれている。

仏像と仏塔

仏教徒の初期の芸術は、壁画と彫刻で、釈迦仏の人生におけるさまざまな場面を表したものでした。釈迦仏は釈迦仏そのものとして表されることはなく、法輪や足跡、あるいは菩提樹などの象徴で表されました。仏教がインドの外に広がるにつれ、多くの異なった様式の芸術が発展しました。仏像は寺院や僧院のためにつくられました。しかし像はたんなる飾りではなく、釈迦仏が特別な人であることを示すさまざまな特徴をもっています。仏塔は、仏教徒の宇宙を表す塔です。最初の釈迦仏は、釈迦仏の死後、仏舎利を入れるためにつくられました。

無畏印の平安と保護を表している手の彫刻。

非常に明るい色彩の、ブータンのこの仏像は、降魔印の印相をしている。

印相の意味
仏像では、手の位置が特別な意味を持つ。この手のしぐさは、印相と呼ばれる。

1. 降魔印：大地を保証人とすること
2. 無畏印：恐れを除き保護を与えること
3. 転法輪印：法（ダルマ）を説くこと
4. 来迎印：浄土に迎えにくること
5. 施無畏・与願印：哀れむことと願いをかなえること
6. 法界定印：平常心と瞑想。法（ダルマ）への集中
7. 智拳印：もっともすぐれた智恵。精神世界での智恵の重要性

1.

2.

3.

4.

5.

6.

7.

仏塔の様式

インドで最初に立てられた仏塔は、ドームのような形をしていました。仏教がしだいに他の国に広がるにつれ、異なった形や様式が発展しました。中国や日本では、高くとがった層塔になりました。スリランカではダゴバ、チベットでは、チョルテンと呼ばれています。

横たわる釈迦仏

釈迦仏の像には横たわっているものが多くありますが、これは釈迦仏がどのように入滅したのかを表します。仏教徒は釈迦仏の入滅を大般涅槃と呼んでいます。

仏陀は、頭にまげを結った宝髻をもつ像で表現される。

下：日本の像。釈迦仏が母の脇の下から生まれたところを表している。

鎌倉にあるこの大仏は、法界定印の印相をしている。

仏塔には四つの類型がある。釈迦仏の舎利や遺品に関係のある仏塔、重要な僧の遺品に関係のある仏塔、出来事を忘れないよう、記念に建てられた仏塔、そして利福を願う在家信者によって建てられた仏塔の四つである。

ネパールのこの仏塔は、東南アジアで見られるものよりもずっと丸い。

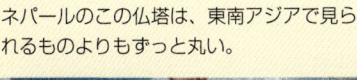

27

中国の仏教

仏教は1世紀、シルクロードを伝って中国に広まりました。当時、インドや中央アジアから僧が定住し始めていました。6世紀には、大乗仏教が中国の三大宗教のひとつになりました。多くの人々が苦しみや転生、涅槃の教えに興味を持ちました。裕福な信者や王族からの寄付によって、立派な寺院や僧院が建てられました。信者は悟りを開く過程で救われ、利福を得たいと願ったのです。寺院や僧院は、釈迦仏の教えや学問、慈善事業の重要な中核となりました。

中国の巡礼者
中国の仏教徒は、仏教をより深く学び、釈迦仏が住んでいた所を訪れようとインドに旅しました。玄奘（上）は630年頃、インドにたどり着きました。彼はナーランダの寺院で経典を勉強して過ごしました。15年後、彼は仏教の品々や文書を持って中国に帰りました。

三つの宗教
仏教が中国に伝わった頃、偉大な思想家である孔子が始めた儒教と老子が始めた道教が確立していました。それらの信仰や思想、教えが合わさり、まざっていくにつれ、三つの宗教の中にある多くの類似点が、何世紀もかけて発展しました。

この絵では、孔子と老子が赤ん坊の釈迦仏を守っている。

宝篋印塔
左のような古代の宝篋印塔には、経典や仏像が彫られています。このような宝篋印塔が、経典の写本をしまっておくために、何千も建てられました。

異なる教え
中国では、大乗仏教の多くの教えが発達しました。もっとも重要な宗派は、浄土教と呼ばれました。極楽浄土は美しく平和で、阿弥陀仏によって統治されています。阿弥陀仏を信ずる仏教徒は、涅槃の途中、極楽浄土で生まれ変わることを望んでいます。彼らは救済を求めて、阿弥陀仏の名まえを唱えます。

隋王朝の阿弥陀仏（6世紀）。

仏教美術
中国では、仏教は多くの芸術作品に影響を与えました。仏教を持ち帰った僧や貿易商人は、ギリシャやインドの芸術をもたらし、これらの様式が中国の様式とまざり合いました。芸術家は、石造や立派な金や銀の食器、絵画、寺院や僧院を飾る刺繍を創作しました。

多くの仏陀
中国では、大乗仏教の菩薩や仏陀が異なった様式や名まえをもっています。たとえば、慈悲の菩薩である観音菩薩や極楽浄土を統括する阿弥陀仏などがあります。

釈迦仏の遺品が入った、9世紀の銀の容器。蓮の石の上で菩薩がひざまずいているようすを表している。

洞くつの寺院
5世紀および6世紀に、がけに沿った洞くつに巨大な寺院がつくられました。洞くつの壁は、膨大な量の像や仏陀や菩薩、仏陀の生涯を描いた絵画で装飾されました。上の像は、竜門の洞くつで見ることができます。

尊者
中国仏教では、悟りを開いた人を尊者と呼びます。中国の経典では、釈迦仏の子をはじめ、尊者になった十八人の弟子について、書かれています。尊者は瞑想や法（ダルマ）を教える技術、そして呪的な力をもっている人として尊敬されています。

左：尊者の像。足を組んで瞑想している。

29

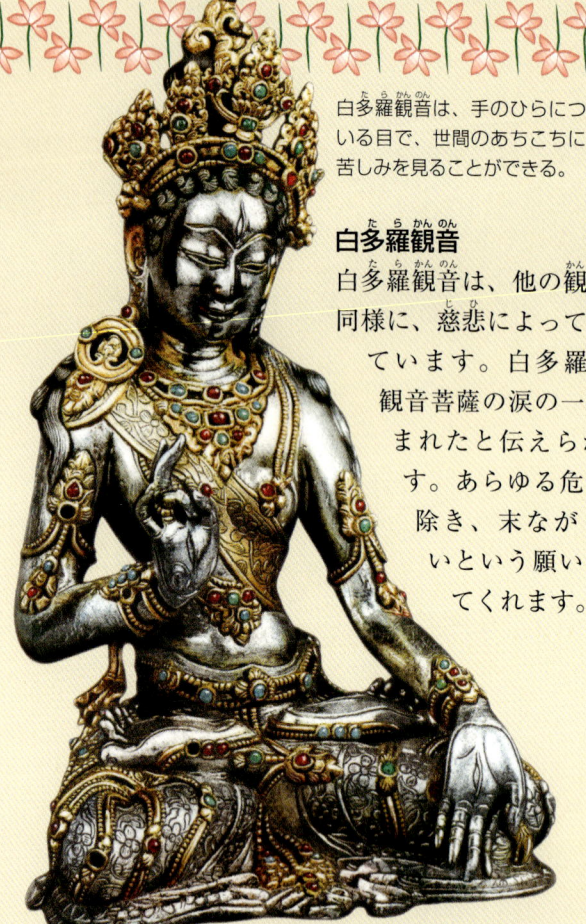

白多羅観音は、手のひらについている目で、世間のあちこちにある苦しみを見ることができる。

白多羅観音

白多羅観音は、他の観音菩薩と同様に、慈悲によって崇拝されています。白多羅観音は、観音菩薩の涙の一粒から生まれたと伝えられています。あらゆる危険を取り除き、末ながく生きたいという願いをかなえてくれます。

天人

乾闥婆は、天上の音楽家です。乾闥婆は、人が死から再生へ移行する際、人のとった行為とその応報を運ぶ手助けをします。時々絵画の中で、釈迦仏の上を飛んでいる姿が描かれます。

仁王

仁王は、片手に金剛杵、もう片方の手に鈴を持った姿で表されます。金剛杵は慈悲を、鈴は智恵の純粋な音を象徴しています。

観音菩薩

観音菩薩は日本でも非常に人気のある菩薩です。慈悲を与えることによって崇拝されています。この十一面観音菩薩像では、十一個の頭によって、観音菩薩が持つはたらきを表しています。

十一面観音菩薩。

寺院の番人

中国の神ウェイ・トゥ（下）は、中国の寺院の寺域を守っています。ウェイ・トゥは正面口に背中を向けて立ち、反対側に顔を向けています。そして寺院に入ってくる悪魔をすべてやっつけます。

この絵は、ウェイ・トゥが釘を打ちつけたかぶとと悪魔を滅ぼすつえで武装しているようすを表している。

神と女神

仏教者は、世界を創造し、その世界の世話をし、助けを求めて祈る対象となるような全知全能の神の存在を信じません。釈迦仏は神になることを求めず、神として崇拝されることを望みませんでした。釈迦仏は、特別な人間で、教えや模範を示すことで、人々によりよい生き方をする手助けをしたのです。しかし大乗仏教の信者は、菩薩を崇拝します。菩薩は完璧で神聖であり、悟りを開いたにも関わらず、人々を救うために涅槃に入るのを先送りにした存在です。

蓮の花を運ぶ天人。

右：信仰と、チベットのサキャ北部の寺院からの富を分け与える神と、信仰を保護する者の絵。この寺院の勢力が強かった13世紀のもの。

観音菩薩
観音菩薩は人気があり、完全なる慈悲を表します。観音菩薩は人々を悟りに導くだけでなく、日々起こる問題を解決する手助けをします。観音菩薩はその呪的な力で、釈迦仏、女性、施しを受ける者、あるいは神などさまざまな姿で現れます。

上：日本の観音菩薩像。僧の格好をし、巡礼者のつえと如意法珠を携えている。

地獄の王
地蔵菩薩は、輪廻転生の境涯である六道を支配する存在です。地蔵菩薩はまた、地獄の菩薩でもあります。慈悲により、過去生で悪をなした者に慰めを与え、その罪を軽くしようとします。

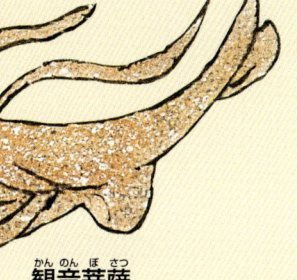

右：日本の地蔵菩薩。

創造者梵天
ミャンマーのこの彫刻は、ヒンズー教の神であり創造者である梵天を表しています。釈迦仏が悟りを開いた後、梵天が釈迦仏に対し、外に出て自分の学んだことを人々に教えるよう奨励したという言い伝えがあります。その時、梵天は「さあ賢い者よ、おまえは変化の世界の海を渡ったのだ。苦しみに深く沈んだ者を救いなさい。」と言ったと伝えられています。

母なる女神
中国では、観音菩薩は「世俗世界の声を聞く」女神になりました。彼女は、哀れみや慈悲を与える者として崇拝されていて、しばしば長い衣服をまとい、腕に子どもを抱いた姿で表されます。彼女の誕生、悟り、死を記念して、毎年祭りが催されます。

観音菩薩像。

31

東南アジアの仏教

東南アジアの仏教の歴史は長く、紀元前2世紀以降、ミャンマー（ビルマ）で繁栄してきました。当時ミャンマーの僧は、スリランカで行われた儀式に出席したと報告されています。11世紀まで、仏教はヒンズー教と争っていましたが、最後には国教となりました。仏教はまた、紀元初期にインドの貿易商人がタイに伝えたようです。仏教はゆっくりと確立され、13世紀の終わりには、タイのみならず近隣のカンボジアやラオスの正式な宗教となりました。小乗仏教の形をとり、今日、この三カ国の正式な宗教となっています。

東南アジア諸国を示す。ミャンマー、タイ、カンボジア、ラオスは現在、小乗仏教がもっとも勢力を持つ。マレーシアとインドネシアでは、イスラム教が仏教にとって代わった。

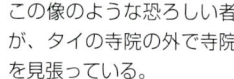

この像のような恐ろしい者が、タイの寺院の外で寺院を見張っている。

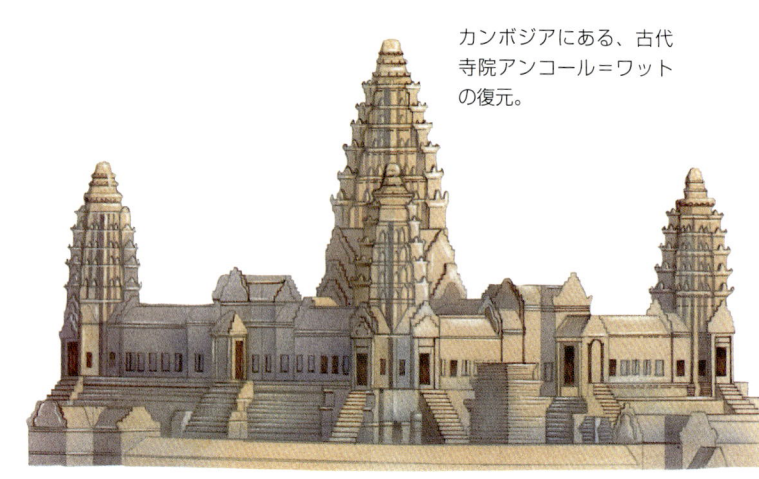

カンボジアにある、古代寺院アンコール＝ワットの復元。

アンコール＝ワット

9世紀にはじまったアンコール朝の王は、東南アジアで、もっとも大きく洗練された王国を統治しました。王国が衰退すると、ヒンズーの神ヴィシュヌをたたえて建てられた寺院アンコール＝ワットは、仏教徒の寺院となりました。

タイの寺院の屋根は、白鳥の首の形をまねた優美な鴟尾で飾られている。

タイのかつての首都アユタヤにある古代の仏塔の遺跡。1350年に設立されたアユタヤは、東南アジアの中でも非常に勢力を持った都市だった。

東南アジアの多くの仏塔は、側面が急なこう配の段のついた土台をしている。

タイのこの絵画は、伝統的な贈り物だった蓮華を僧に施している様子を表している。

パガン

さびれた古代都市パガンは、ミャンマーの中心にあり、5,000以上もの仏塔と寺院がありました。最古の仏塔は、11世紀にまでさかのぼります。現在は多くの建築物が修復され、パガンは巡礼者の訪れる主要な場所となっています。

左：巨大なアーナンダ寺院は、1091年にパガンに建てられた。1989年、この仏塔は従来の美しい形に修復された。

ボルブドゥール

ジャワにあるボルブドゥールの、膨大な数の仏塔は、9世紀初期に建てられました。仏教が衰退すると、ボルブドゥールも見捨てられ、再び発見されたのは1814年のことです。頂上に仏塔をいただき、ピラミッドのような形をしているこの建物は、それぞれの段地が悟りに向かう段階を表しています。

ボルブドゥールの段地は、仏像や釈迦仏の教えや物語の彫刻が施されている。

33

禅宗

日本の仏教の中でもよく知られている禅宗は、インドの僧達磨によって始められ、中国から日本に伝わりました。禅とは瞑想のことです。禅宗は、心のはたらきを明瞭にするために、多くの方法で瞑想を行います。

釈迦仏を崇拝する聖徳太子の像。太子は日本での仏教の布教につとめた。

日本と朝鮮半島の仏教

仏教は6世紀に朝鮮半島から日本に伝わりました。百済の聖明王が欽明天皇に使節を派遣し、戦争の加勢を求め、その時の贈り物の中に仏像があったのです。仏教は、聖徳太子の時代に栄えました。7世紀から中国の仏教が日本に伝来し、多くの宗派が発展しました。その中でも重要な宗派に、天台宗、浄土宗、禅宗があります。現在、日本人の多くが仏教徒です。仏教と、日本古代の宗教である神道をともに信仰している人々もいて、神社の横に寺院が建てられている場所が多くあります。

福の神

大黒（左）は、七福神のひとりです。もともと福の神は仏教の神でしたが、今は神道でも崇拝されています。

大黒は富と豊穣の神。大きな米俵の上に座る姿で表される。米をかじる鼠を供にしている。

律宗

律宗は中国で始められました。僧伽の規律と実践を重んずる宗派です。

真海（1229〜1304）は、律宗の僧だった。

朝鮮半島

仏教は6世紀に中国から朝鮮半島に伝わり、公式の宗教になりました。第二次世界大戦後、朝鮮半島は南北に分かれ、北朝鮮ではほとんど一掃されてしまいましたが、韓国では残っています。

韓国の岩に彫られた仏像。

日蓮宗

日蓮（1222〜1282）は、法華経をもとにして日本の新たな宗派をつくりました。他の宗派を激しく非難し、佐渡に流されました。右の版画は、流されたときに荒れる海を鎮めた日蓮の姿を描いています。

左：閻魔像。死者の生前の罪を裁く神。

密教

密教は、9世紀に日本に伝来しました。そしてだんだん天台宗の顕教にとって代わるようになりました。天台宗の密教は空海（774〜835）が設立した真言宗よりも、なお勢力の強いものでした。

左：密教の金剛界五仏の一人。

金剛鈴と三鈷杵。このような礼拝用の道具が、密教の儀礼で使われた。

浄土宗

浄土宗は日本、韓国、中国で広く普及しています。信者は阿弥陀仏を崇拝します。阿弥陀仏は、韓国ではアミダバルとして知られています（下）。

右：阿弥陀仏。無限の光を放っている釈迦仏で、極楽浄土を統括する。

禅美術と書道

禅宗の信者は、伝統的に修行の際に仏像を用いません。美術や書道は重要な役割をはたします。美術や書道は、釈迦仏のような境地に達するための修行の助けとなると信者は考えています。

仏教徒の巻物の一部。13世紀または14世紀に描かれた。仏像がたんなる木の切れはしであるとして、焼いている僧の姿を描いている。

仏教の実践

仏教徒は、すべての行為を釈迦仏の教えに従ったものにしようとします。彼らは「私は保護を求めて釈迦仏の元に行きます。私は保護を求めて法（ダルマ）を唱えます。私は保護を求めて僧伽へ行きます。」と唱え、三宝に対して約束をします。また、五戒と呼ばれる五つの約束をします。殺生をしない、盗みをしない、性欲を抑える、嘘をついたり思いやりのない話し方をしない、酒や薬を摂取しない、という約束です。

祈祷輪

上の写真のように、チベットの仏教徒は右手で祈祷輪を回します。祈祷輪は、中に何千もの祈願が書かれた小さい紙の巻物がついている金属の輪です。これを回すことによって、祈りを世界に対して示すのです。チベットの寺院では、巨大な祈祷輪を見ることができます。

仏像

住居であれ寺院であれ、仏壇には仏像があります。仏像を見て、人々は釈迦仏の教えや穏やかさ、智恵、慈悲を思い起こします。初期の仏教美術では、釈迦仏は、右の足跡のように、人としてではなく象徴として表されました。

瞑想

釈迦仏は菩提樹の下で瞑想している時、悟りを開きました。仏教徒は、それにならおうとします。瞑想によって、心が穏やかになり知恵を得ることを望むのです。仏教徒は毎日瞑想を心がけています。

菩提樹

釈迦仏は菩提樹の下で悟りを開きました。インドの仏陀伽耶にあるこの菩提樹は、その木に由来するといわれています。法（ダルマ）を示すために、寺院では菩提樹を植えるのが習慣となっています。

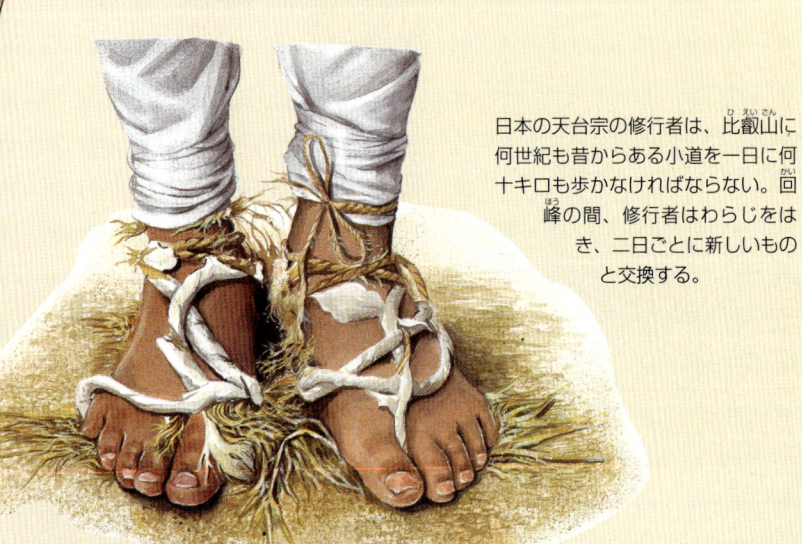

日本の天台宗の修行者は、比叡山に何世紀も昔からある小道を一日に何十キロも歩かなければならない。回峰の間、修行者はわらじをはき、二日ごとに新しいものと交換する。

ヒマラヤにあるカイラシュ山は、チベット仏教徒にとっては重要な巡礼地である。

巡礼

釈迦仏の人生に関係のある場所は、重要な巡礼地です。もっとも神聖なのは、釈迦仏の生誕地藍毘尼園、悟りを開いた仏陀伽耶、初転法輪（最初の説法）を行ったサールナート、入滅した拘戸那掲羅です。仏教徒は巡礼を行うことで、来世での利福が得られるように祈願します。

有徳

釈迦仏は知、徳、瞑想が重要だと説きました。人は、正直で親切であるべきであり、他人にはあわれみを持って接しなければなりません。このような性質が、人をよりよい人生に導き、悟りに近づけるのです。

チベットの祈りの金剛鈴は、知恵の象徴。いくつかの儀礼の際に鳴らされる。

仏教徒のプージャ

この仏教徒は、チベットのラサにあるジョカン寺院で、釈迦仏の冥福を祈っています。この実践はプージャと呼ばれます。プージャの一環として、仏教徒は下の写真のように、聖なる詩経を唱え、仏壇に供物をささげます。

極端な実践

僧の中には、釈迦仏にならって世間を捨てる人々もいます。彼らは森や洞くつに隠遁、瞑想を続け、簡素で孤独な生活を送ります。

供物

どの供物にも特別の意味があります。花は明るく新鮮に見えますが、やがて枯れます。これは釈迦仏の教えで、どんなものも永続しないことを示しています。ろうそくは悟りの光を、甘い香りのする線香は法（ダルマ）を表します。

この洞くつには僧がいる。祈りの数珠を繰り、釈迦仏の名を唱え、瞑想に役立てる。

37

チベット仏教

仏教は7世紀、ソンツェン・ガンポ王（605〜650）の統治していた頃に、インドからチベットに伝わりました。仏教徒だった二人の妻に勧められ、ガンポも仏教徒になりました。古代チベットの宗教であるバラモン教と仏教との間には、長い間争いがありました。バラモン教の信者は幸せが続くよう、呪術を使い、多くの神や精霊を崇拝しました。多くの仏教徒が処刑されましたが、14世紀には、仏教はチベットの国教となりました。チベットの人々は、大乗仏教とタントラ仏教の融合した仏教を信仰しています。人々は、歴史上の釈迦仏のほかに多くの菩薩を崇拝していますが、その中でもっとも重要なのは観音菩薩です。

17〜18世紀頃のパドマサムバヴァの銅像。

パドマサムバヴァ
パドマサムバヴァは、8世紀にインドからチベットにやって来た仏教の偉大な師です。彼は世間の人々に布教し、彼の生きていた間に最初の寺院がチベットに建てられ、最初の仏教僧が任命されました。彼の名前には「蓮から生まれた者」という意味があります。

タントラ仏教
タントラ仏教は、人々が悟りを開くのを助けるために、呪術や儀式を行うインドの仏教です。タントラ仏教の名まえは、秘密を説いた神聖な経典タントラに由来します。信者は瞑想し、真言や強くて神聖な音や言葉を唱えます。

下：18世紀に描かれたインドの絵画。ぞっとするようなヒンズー教の女神カーリーを表している。ヒンズー教の神や女神は、タントラ仏教で多く見られる。

チベットの崇拝
チベットの仏教徒は、供物を施したり、真言を唱えたり、プージャを行ったりするために、僧院や寺院を訪れます。彼らは寺院の周りを時計回りに三周します。三宝を思い起こすためです。また心の中にある祈願を表現するために、歩きながら祈祷輪を回します。

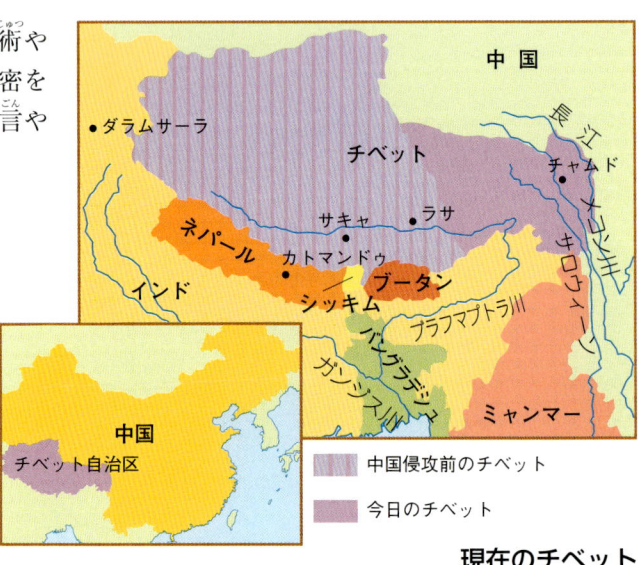

現在のチベット
1950年代、中国軍がチベットに侵攻し、チベットは中国の一部になりました。何百もの寺院や貴重な書物、財宝が破壊されました。多くの僧が投獄され、処刑されました。今もなお、多くのチベット人仏教徒が亡命者としてインドに住んでいます。

この頭飾りは、瞑想する五人の釈迦仏を表している。それぞれ徳、知識、話すこと、行動、智恵を示す。

チベットのラマの儀式用飾りは、祭事や儀式の時に使われる。

赤帽派と黄帽派

チベットには多くの異なる仏教徒の宗派があります。もっとも重要なものは、赤帽派（サキャ派、カギュー派、ニンマ派）と黄帽派（ゲルク派）に分けられます。特別な時にラマがかぶる帽子の色から、このような名まえがついています。

マンダラ（曼荼羅）

下の絵は、マンダラと呼ばれ、神聖な世界を表します。どの部分にも特別な意味があり、色や形、姿にはそれぞれ異なった意味があります。チベットの仏教徒は絵の細かい部分に心を集中することによって、瞑想します。

右：現在のダライ・ラマ（テンジン・ギャツォ）。1935年に生まれ、1959年以降は亡命してインドに住んでいる。

ダライ・ラマ

中国が侵攻するまでは、ダライ・ラマがチベット宗教の指導者であり、国の統治者でした。ダライ・ラマは観音菩薩の生まれ変わりと信じられています。ダライ・ラマが死ぬと、観音の魂が次のダライ・ラマとなる赤ん坊の体に宿り、再生するのです。

ポタラ（補陀落）宮

巨大なポタラ宮（右）は、チベットの首都ラサを見渡せる神聖な丘の上にあります。これはダライ＝ラマの住居です。ポタラという名前は、観音菩薩の伝説的な山の住居（補陀落）に由来しています。

39

仏教徒の行事

仏教徒の行事は、一年を通じて多く催されます。釈迦仏の人生で、もっとも重要で特別な出来事である生誕や悟りの日を祝うのす。菩薩や師、仏教徒の歴史上の出来事のことを思い起こす人々もいます。世界中の仏教徒が祝う祭りもありますが、国によって異なり、その国独自の習慣や文化、宗派によって違います。また、特定の国にだけ見られるものもあります。祭りは仏教徒にとって、幸せで楽しいひとときです。多くの仏教徒が釈迦仏の冥福を祈り、僧から贈り物や施しを受けるために、地元の寺院に行きます。

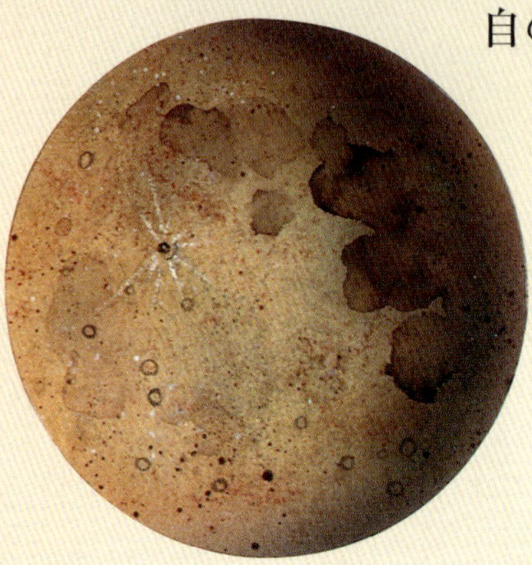

満月の日

仏教徒にとってもっとも重要な祭りは、満月の日に行われます。このような祭りは、釈迦仏の人生での主要な出来事である生誕や悟りを開いたことなどが、満月の日に起こったため、神聖な日となっています。

聖なる歯

スリランカでは、八月に象の特別な祭列が行われます。一番大きな象が金の仏塔を運びます。その中には、貴重な遺品である釈迦仏の歯が入っています。

祭りの一環で、儀礼の笛を吹くチベットの僧。

右：日本のこの祭りは、高位の僧がかつて蛙に変えられたことを思い起こさせる。

チベットの祭り

チベットの祭りは多くの人々が地方の寺院に集まり、はなやかに催されます。現在では、規模が縮小されていますが、祭りはインドや他の国に亡命した人々によって、今でも行われています。

新年

ロサルは、二月に新しい年の始まりを祝うチベットの祭りです。新春に家のそうじをし、前年から残っている邪悪なものを一掃して新しい始まりを迎える時です。人々は寺院を訪れ、釈迦仏の初期の人生を思い起こします。

雨季の瞑想

雨季の間、タイやスリランカでは、僧は寺院で学問や瞑想をして過ごします。十月あるいは十一月の雨季の終わりに、カシーナと呼ばれる特別な祭りが開催されます。

お盆

お盆は、七月に行われる日本の大乗仏教の祭りで、先祖に敬意を表す祭りです。人々は住居の仏壇に食物や花を供え、先祖の魂が家に帰って来るのを迎えるために、小さな灯りをともします（上）。踊りや特別な饗宴が催されます。祭りが終わると先祖の魂は山に帰って行きます。

釈迦仏の生誕日

大乗仏教の行事でもっとも重要な祭りは誕生会で、五月の満月の日に行われます。この日が一年でもっとも幸せな日で、人々は釈迦仏の生誕を祝います。人々は寺院を訪れ、家をランプや灯りで飾ります。また、誕生会のカードを交換する人もいます。

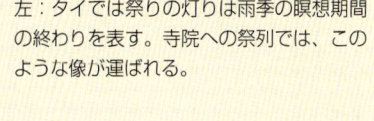

左：タイでは祭りの灯りは雨季の瞑想期間の終わりを表す。寺院への祭列では、このような像が運ばれる。

日本では、釈迦仏の誕生会は四月八日に祝われる。この日は、仏像に甘茶をかけるのが伝統となっている。

上：7月に開催されるロシアのブリヤートの祭り。共産主義体制の下、仏教を含むすべての宗教が禁圧された。1990年代初めのソ連崩壊後、宗教的な儀礼や祭りが活発になっている。

41

永遠の結び。バーモントの僧院にある仏教徒のシンボル。

西洋の仏教

19世紀末に、仏教は西洋人の学者の文書や経典の翻訳を通じて、西洋に伝わりました。また、中国や日本から西洋に移り住んだ仏教徒によっても広められました。それ以来仏教徒の僧院や寺院、センターが建てられ、多くの僧や尼が聖職者として任命されました。禅宗のような伝統的な宗派が確立された一方、新たな考え方や実践を行う宗派も生まれました。

初のアメリカ人仏教徒

正式に仏教徒となった初のアメリカ人は、コロネル・ヘンリー・スティール・オルコット（1832～1907）とヘレナ・ブラバツキー（1831～1891、上）だと考えられています。1880年にスリランカを訪れた際、彼らは寺院へ行き三宝に帰依し、仏教僧の前で五戒を守ることを誓いました。

左：パーリ語経典協会の人々。キャロライン・ライス・ディヴィッズの姿も見える。

経典の翻訳

1881年、学者のキャロライン・ライス・ディヴィッズによって、パーリ語経典協会が設立されました。ライス・ディヴィッズは、スリランカにあった英国行政機関で働いていた時に仏教に興味を持つようになりました。協会では小乗仏教の経典を英国で集めて翻訳し、出版して、多くの人々に仏教を紹介しました。

英国の仏教

英国の仏教は19世紀末期にアラン・ベネットによって始められました。彼はミャンマーを旅して、仏教僧アーナンダ・マイトレーヤになり、英国での最初の仏教協会の設立につとめました。1926年、スリランカ人のアナガーリカ・ダルマパーラがロンドンに寺院を設立し、アジア以外の国で初の仏教徒の中心地となりました。

右：1926年にロンドンで出版された仏教徒のレビューの第1刷の表紙。

アメリカでの宗派

この80年間で、多くのアメリカ人が仏教徒になりました。その多くが禅宗に入っています。禅宗はアメリカでも確立された宗派です。チベット仏教や小乗仏教の信者も多くいます。アメリカには約100万人の仏教徒がいます。

左：スコットランドのサムエ・リング寺院は、英国初のチベット仏教の中心となった。1967年設立。

仏教の広がり

右の地図は、過去100年の間に仏教がアジアを出てアメリカやヨーロッパ、オーストラリアにどのように広がっていったかを示しています。仏教徒が多いのは、ヨーロッパとアメリカです。

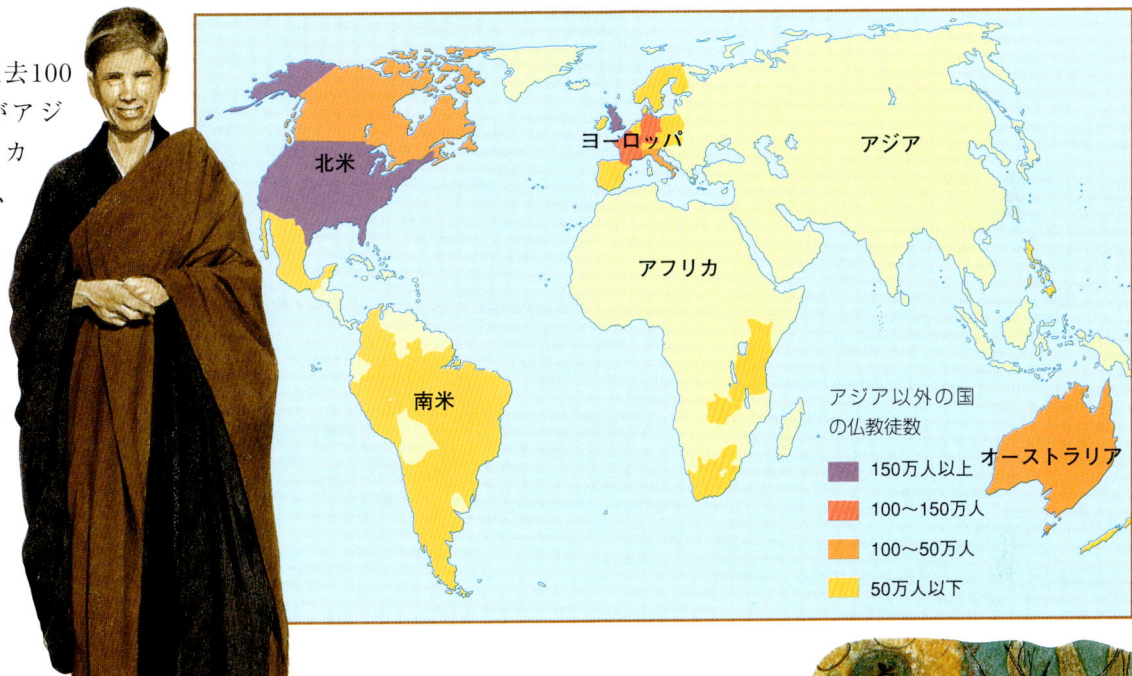

アジア以外の国の仏教徒数
- 150万人以上
- 100～150万人
- 100～50万人
- 50万人以下

アメリカの禅宗の尼。

西洋の仏教徒

西洋仏教教団の友は1967年、英国でデニス・リングウッドによって設立されました。彼は後に、サンガラスクシタという名まえで僧に任命されました。彼は西洋社会に合った仏教の運動を起こしたいと思っていました。それは、小乗仏教やチベット仏教、禅宗と結びついた教えや修行でした。

西洋美術

19世紀以降、西洋やアメリカの多くの作家や芸術家が、仏教に刺激されました。仏教美術の思想や映像が、彼らの作品に影響を与えたのです。19世紀にフランスで描かれた釈迦仏の絵などはその一例です。

左：僧や尼とは別に、西洋の一般人の多くが仏教徒になっている。

43

用語解説

印相 特別な意味を持つ仏像の手や指のかたち。

ガンダーラ美術 仏教徒がギリシャ人から多くの影響を受けた様式。

観音菩薩 チベット仏教の信仰でもっとも重要な菩薩。ダライ・ラマはこの生まれ変わりだと信じられている。

乾闥婆 死に、生まれ変わるまでの間に、その人の行為とその報いを移す手伝いをする、天上の音楽家。

五戒 仏教徒がどのように人生を送るかを誓った五つの約束。

祈祷輪 何千もの祈願が書かれた小さな紙の巻物がついた、金属の輪。

経（スートラ） 大乗仏教で、仏陀や他の僧の教え、物語が書かれた経典。糸を意味する。

悟り 絶対知。真に理解しえた精神の状態。すべての仏教徒は、悟りを得たいと願っている。

僧伽 仏陀僧および尼の共同体。

三宝 仏陀、法（ダルマ）、僧伽の三つを合わせた呼び方。

四聖諦 悟りを開く段階で気がつかなければならない四つの真実。

儒教 紀元前6～5世紀に、中国の思想家孔子の教えをもとにした宗教。

小乗仏教 大乗仏教とならぶ宗派で、インド南東部（スリランカ、ミャンマー、タイ、カンボジア、ラオス）で実修されている。

浄土教 中国で発達した大乗仏教の一派。浄土は、阿弥陀仏が統治する美しく平和な世界で、人々はそこに生まれたいと願う。

シルクロード インドや中国と地中海を結ぶ、中央アジアを横切る交易路。

真言 呪的な力を持つ言葉や音。

神道 日本古来の信仰。

禅 インドの僧達磨によって始められた中国や日本の仏教の一つの宗派。「瞑想」を意味する。

尊者 中国仏教で、悟りを開き価値ある者となった人。

大乗仏教 仏教の二つの主な宗派の一つでインド北西部（ネパール、チベット、中国、日本、韓国、ベトナム）で実践されている。

タオイズム（宗家思想） 中国の思想家老子の教えにもとづくとされている宗教。

タントラ 女神崇拝の神秘的で聖なる文書。

タントラ仏教 悟りを開くのを助けるために、魔術や儀式を行うインド仏教。

涅槃 悟りを開いた平安な状態。

パゴダ さまざまな様式で建てられる寺院。

八正道 中道。極端を避け、悟りを開くための八つの方法。

ビハーラ 仏教の寺院や僧院。

ヒンズー教 インド亜大陸で実践された、古代の多様な宗教。

プージャ 仏陀の冥福を祈る祭り。

仏陀 悟りを開き、絶対知を体得し、人々に教えを説く存在。釈迦仏に始まる。

仏塔 仏教の世界を表す塔。

法（ダルマ） 仏陀の神聖な教え。

菩薩 悟りを希求する存在。悟りに達したものの、人々を救うために、平安の境地に入ることを先送りにした。

菩提樹 釈迦仏がその下で悟りを開いた聖なる木。

曼荼羅 チベット仏教で瞑想に使われる、聖なる世界を表す絵。

瞑想 一つの事柄に注意を集中し、思考のはたらきを明晰にする修行。

ラマ 精神の師や指導者を意味するチベット語。ダライ・ラマはその最高峰。

律 僧伽における一連の規則。

さくいん

あ行

アーナンダ・マイトレーヤ ……42
アーナンダ寺院 ……33
アーリヤ人 ……11
アジア ……9, 42, 43
アショカ王、インド ……21, 24, 25
アナガーリカ・ダルマパーラ ……42
阿難 ……18
アヌラーダプラ、スリランカ ……20, 24, 25
阿弥陀仏 ……28, 29, 44
アミダバル ……35
アメリカ ……9, 42, 43
アユタヤ ……20, 32, 33
イスラム教 ……32
印相 ……16, 26, 27, 44
インダス文明 ……11
インド ……8, 9, 11, 12, 14, 16, 18-24, 26-29, 32, 34, 36, 38-40, 44
インドネシア ……32
ヴィシュヌ ……32
ウェイ・トゥ ……30
英国 ……42, 43
閻魔 ……35
閻羅王 ……15
オーストラリア ……43
お盆 ……41
オルコット、ヘンリー・スティール ……42

か行

カイラシュ山 ……37
覚者 ……12
カシーナ ……41
ガネーシャ ……11
鎌倉、日本 ……27
ガンガーラーマ・ヴィハーラ寺院 ……25
カンギュル ……22
韓国 ……20, 34, 35, 44
ガンダーラ美術 ……20, 21, 44
観音 ……29, 30, 31, 38, 39, 44
カンボジア ……19-21, 32, 44
祇園精舎 ……16
北朝鮮 ……34
祈祷輪 ……36, 38, 44
キャンディ、スリランカ ……20, 24
極東 ……21
キリスト教徒 ……24
空海 ……35
拘尸那掲羅 ……16, 37
苦諦 ……14

さ行

顕教 ……35
玄奘 ……23, 28
乾闥婆 ……30, 44
孔子 ……28, 44
黄帽派 ……39
五戒 ……36, 42, 44
コロンボ、スリランカ ……24, 25
金剛杵 ……30
金剛鈴 ……35, 37

サールナート、インド ……14, 16, 20, 24, 37
サキャ ……31, 38
サキャ派 ……39
佐渡 ……35
サムエ・リング寺院 ……43
三蔵 ……22
三宝 ……36, 38, 42, 44
シヴァ ……9, 11
四聖諦 ……14
地蔵 ……31
シッダールタ、ゴータマ ……8, 10
集諦 ……14
ジャータカ ……10
舎衛城 ……16
釈迦族 ……10
釈迦牟尼 ……10
車匿 ……17
ジャワ ……33
儒教 ……28, 44
須達長者 ……16
巡礼 ……37
巡礼者 ……9, 16, 19, 23, 25, 28, 31, 33
上座部 ……20
小乗仏教 ……18, 20, 22, 25, 32, 42-44
浄土 ……26, 28, 29, 34, 35, 44
聖徳太子 ……34
浄飯王 ……10
シルクロード ……9, 21, 28, 44
真海 ……34
真言 ……23, 38, 44
真言宗 ……35
神道 ……20, 34
隋王朝 ……28
スートラ ……22, 44
スコットランド ……43
スリランカ ……18, 21, 24, 25, 27, 32, 40, 41, 42, 44

赤帽派 ……39
絶対知 ……8, 44
禅宗 ……34, 35, 42, 43
僧伽 ……18, 20, 21, 24, 25, 34, 36, 44
ソ連 ……41
尊者 ……29, 44
ソンツェン・ガンポ王 ……21, 38

た行

タイ ……8, 10, 18, 20, 21, 32, 33, 41, 44
大黒 ……34
大自在天 ……9, 11
帝釈天 ……12, 14
大衆部 ……20
大乗仏教 ……20, 22, 28, 30, 38, 41, 44
第二次世界大戦 ……34
大般涅槃 ……17, 25, 27
タミル人 ……24
ダライ・ラマ ……19, 39, 44
ダルマ ……8, 14, 16, 18, 26, 29, 36, 37, 44
達磨 ……34, 44
タントラ ……44
タントラ仏教 ……20, 38
地中海 ……9, 44
チベット ……8, 9, 14, 15, 17-23, 27, 31, 36-40, 43,
チベット仏教 ……8, 19, 21-23, 38, 43, 44
チベット仏教徒 ……19, 22, 23, 37-39
中央アジア ……9, 28, 44
中国 ……9, 19-23, 27-31, 34, 35, 38, 39, 42, 44
中道 ……12, 44
朝鮮半島 ……21, 34
ティサ、スリランカ王 ……24, 25
天台宗 ……34-36
道諦 ……14
東南アジア ……27, 32, 33
忉利天 ……14
兜率天 ……9

な行

ナーランダ ……16, 28
仁王 ……30
日蓮宗 ……35
日本 ……18, 20, 21, 27, 30, 31, 34-36, 40-43, 44
ネパール ……10, 20, 27, 38, 44
涅槃 ……14, 15, 17, 20, 25, 27, 28, 30, 44

は行

バーモント	42
パーリ語経典協会	42
パーリ語経典	22
パーリヤッカの森	14
パールヴァティー	11
パガン、ミャンマー	20, 32, 33
八正道	8, 14, 44
パドマサムパヴァ	21, 38
パラクラマバーフ1世、スリランカ	24, 25
波羅奈国	10
バラモン教	20, 38
比叡山	36
ヒマラヤ山脈	10
白多羅菩薩	30
ヒンズー教	9, 11, 24, 31, 32, 38, 44
プージャ	37, 38, 44
ブータン	26, 38
仏舎利	17, 26
仏陀伽耶	16, 25, 36, 37
仏塔	17, 24, 26, 27, 33, 44
ブラバツキー、ヘレナ	42
ブリヤート、ロシア	41
ベトナム	20, 32, 44
ベナレス、インド	16
ベネット、アラン	42
法	8, 14, 16, 18, 26, 29, 36, 37, 44
宝篋印塔	28
法輪	14
法華経	22, 35
菩提樹	13, 25, 36
ポタラ宮	19, 39
ボルブドゥール	32, 33
ポロンナルワ、スリランカ	24, 25
本生譚	10
梵天	31

ま行

摩訶迦葉	17
マヒンダ	21
摩耶王妃	9, 10
魔羅	12, 13
マレーシア	32
曼荼羅	39, 44
密教	35
ミャンマー	20, 23, 31-33, 38, 42, 44
ミリンダ、ギリシャ王	20
弥勒菩薩	9
ムスリム	24
ムチリンダ	13
瞑想	12, 16, 20, 24, 25, 29, 34, 36-39, 41, 44
滅諦	14
モヘンジョ=ダロ	11

や行

ヤマ	15

ヨーロッパ	9, 43

ら行

ライス・ディヴィッズ、キャロライン	42
ラオス	20, 32, 44
羅睺羅	18
ラサ、チベット	19, 20, 37-39
ラマ	8, 39, 44
律	19, 44
律宗	34
竜門、中国	29
リングウッド、デニス	43
輪廻	14, 15, 31
ルンビニー	11, 16
藍毘尼園	11, 37
蓮華	8, 23
老子	28, 44
鹿野苑	14, 16
ロサル	40
ロシア	41
ロンドン、英国	42

日本語版監訳者紹介

佐藤 正英（さとう まさひで）

1936年生まれ。58年に東京大学文学部倫理学科を卒業後、同大学院人文学科研究科倫理学専攻博士課程修了。東京大学名誉教授を経て、現在、共立女子大学文芸学部教授を務める。主な著書に『日本倫理思想史』（東京大学出版会）、『親鸞入門』（筑摩書房）。監訳書に『一神教の誕生—ユダヤ教、キリスト教、イスラム教』『神はなぜ生まれたか』『世界宗教事典』などがある。

世界宗教の謎　仏教
2004年3月25日初版第1刷発行

著　者　　アニータ・ガネリ　　監　訳　　佐藤正英
発行者　　荒井秀夫　　　　　　翻訳協力　原　若菜
　　　　　　　　　　　　　　　DTP制作　リリーフ・システムズ
発行所　　株式会社　ゆまに書房
　　　　　東京都千代田区内神田2-7-6　〒101-0047
　　　　　Tel. 03(5296)0491／Fax. 03(5296)0493
　　　　　日本語版版権©2003　株式会社ゆまに書房

ISBN4-8433-1065-4 ©0314

Acknowledgements

The Publishers would like to thank the following photographers and picture libraries for the photos used in this book.

t=top; tl=top left; tc=top center; tr=top right; c=center;
cl=center left; b=bottom; bl=bottom left; bc=bottom center; br=bottom right

Cover Marco Nardi/McRae Books Archives; **14t** Marco Nardi/McRae Books Archives; **18br** Index; **19bl** Index; **21bl** Peter Charlesworth/JB Pictures/Grazia Neri; **25br** Werner Forman Archive/Index; **27tl, 27cr, 27cl, 27br** Marco Nardi/McRae Books Archives; **27bl** Cosimo Bargellini; **29c** Werner Forman Archive/Index; **31tr** Index; **32 cl, 32b** Marco Nardi/McRae Books Archives; **33tl** Marco Nardi/McRae Books Archives; **34br** Index; **36tl** Index; **37tr** Index; **39bl** Werner Forman Archive/Index; **39br** Index; **40br** Misuru Kanamori/Arcadia Photo; **41tl, 41bl, 41br** Hideo Haga/Arcadia Photo; **43t** Camerapress/Grazia Neri; **43bc** Jean-Marie Huron/Grazia Neri